AF205770

Impressum
Verlag: BABADADA GmbH, Nedderfeld 112 , 22529 Hamburg
Geschäftsführer / Verlagsleitung: Harald Hof
Druck: Books on Demand GmbH, In de Tarpen 42, 22848 Norderstedt

Imprint
Publisher: BABADADA GmbH, Nedderfeld 112 , 22529 Hamburg, Germany
Managing Director / Publishing direction: Harald Hof
Print: Books on Demand GmbH, In de Tarpen 42, 22848 Norderstedt, Germany

skola
la escuela

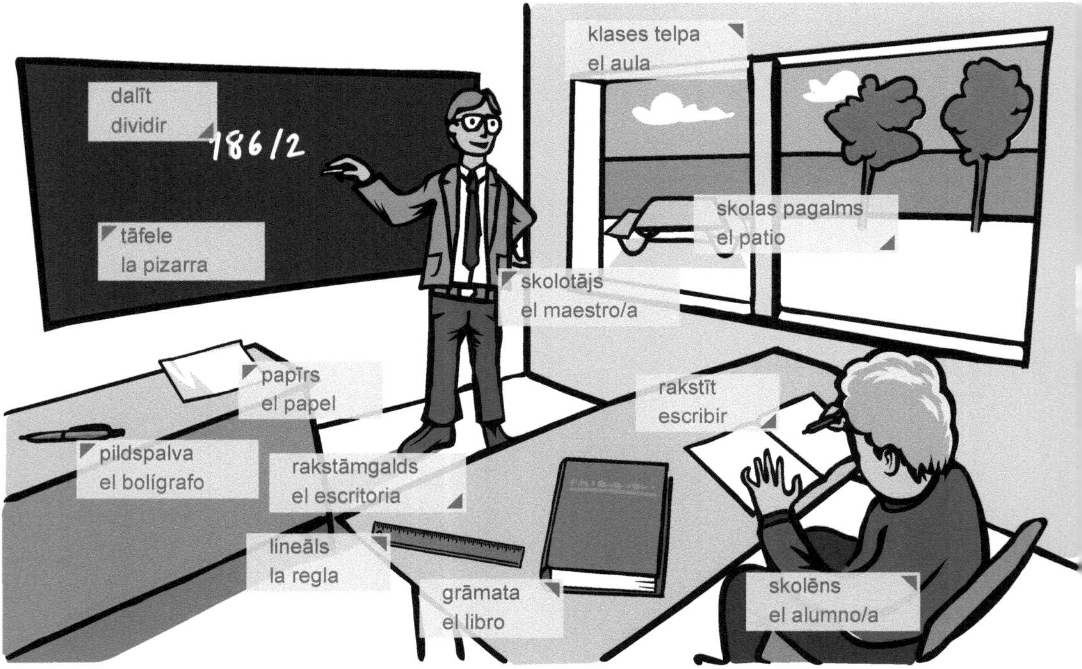
klases telpa
el aula
dalīt
dividir
186/2
tāfele
la pizarra
skolas pagalms
el patio
skolotājs
el maestro/a
papīrs
el papel
rakstīt
escribir
pildspalva
el bolígrafo
rakstāmgalds
el escritoria
lineāls
la regla
grāmata
el libro
skolēns
el alumno/a

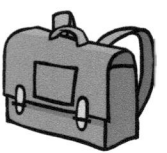

skolas soma

la cartera

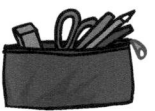

penālis

la caja de lápices

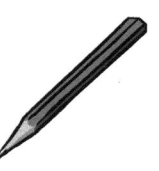

zīmulis

el lápiz

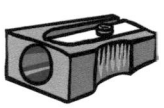

zīmuļu asināmais

el sacapuntas

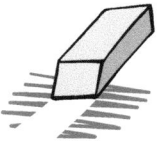

dzēšgumija

la goma de borrar

zīmēšanas bloks

el cuaderno de dibujo

zīmējums

el dibujo

ota

el pincel

krāsas

la caja de pinturas

šķēres

las tijeras

līme

el pegamento

darba burtnīca

el cuaderno de ejercicios

mājas darbs

los deberes

skaitlis

el número

saskaitīt

sumar

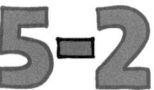

atņemt

restar

reizināt

multiplicar

rēķināt

calcular

burts

la letra

ABCDEFG HIJKLMN OPQRSTU VWXYZ

alfabēts

el alfabeto

vārds

la palabra

teksts

el texto

lasīt

leer

krīts

la tiza

mācību stunda

la lección

žurnāls

el cuaderno de notas

eksāmens

el examen

liecība

el certificado

skolas forma

el uniforme

izglītība

la educación

enciklopēdija

la enciclopedia

universitāte

la universidad

mikroskops

el microscopio

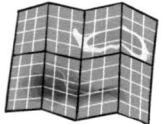

karte

el mapa

papīrgrozs

la papelera

ceļojums
el viaje

viesnīca
el hotel
Grand
hostelis
el albergue
ROOMS
EXCHANGE
valūtas maiņas punkts
la oficina de cambio de divisas
čemodāns
la maleta
automašīna
el coche

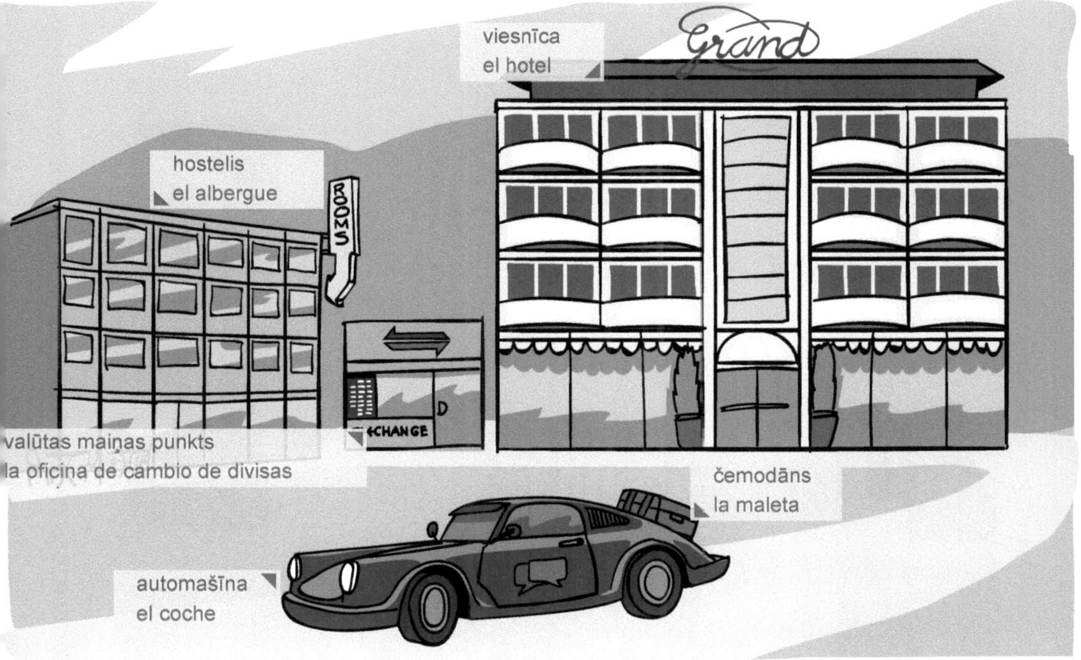

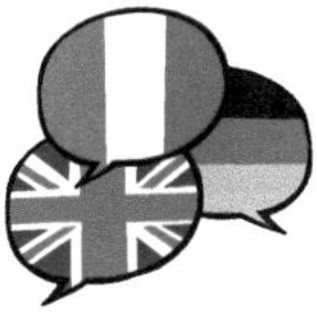

Valoda

el idioma

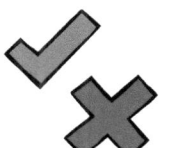

jā / nē

sí / no

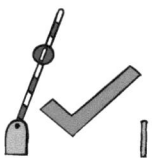

Okay

Vale

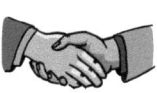

Sveiki!

hola

tulks

el traductor

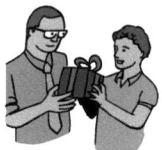

paldies

Gracias

Cik maksā…?

¿cuánto es…?

Es nesaprotu

No entiendo

problēma

el problema

Labvakar!

¡Buenas tardes!

Labrīt!

¡Buenos días!

Ar labu nakti!

¡Buenas noches!

Uz redzēšanos

adiós

virziens

la dirección

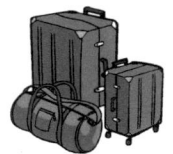

bagāža

el equipaje

soma

la bolsa

mugursoma

la mochila

viesis

el invitado

istaba

la habitación

guļammaiss

el saco de dormir

telts

la tienda de campaña

tūrisma informācija
la información turística

pludmale
la playa

kredītkarte
la tarjeta de crédito

brokastis
el desayuno

pusdienas
el almuerzo

vakariņas
la cena

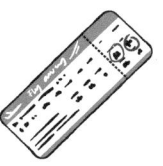

biļete
el billete

lifts
el ascensor

pastmarka
el sello

robeža
la frontera

muita
la aduana

vēstniecība
la embajada

vīza
la visa

pase
el pasaporte

transports
el transporte

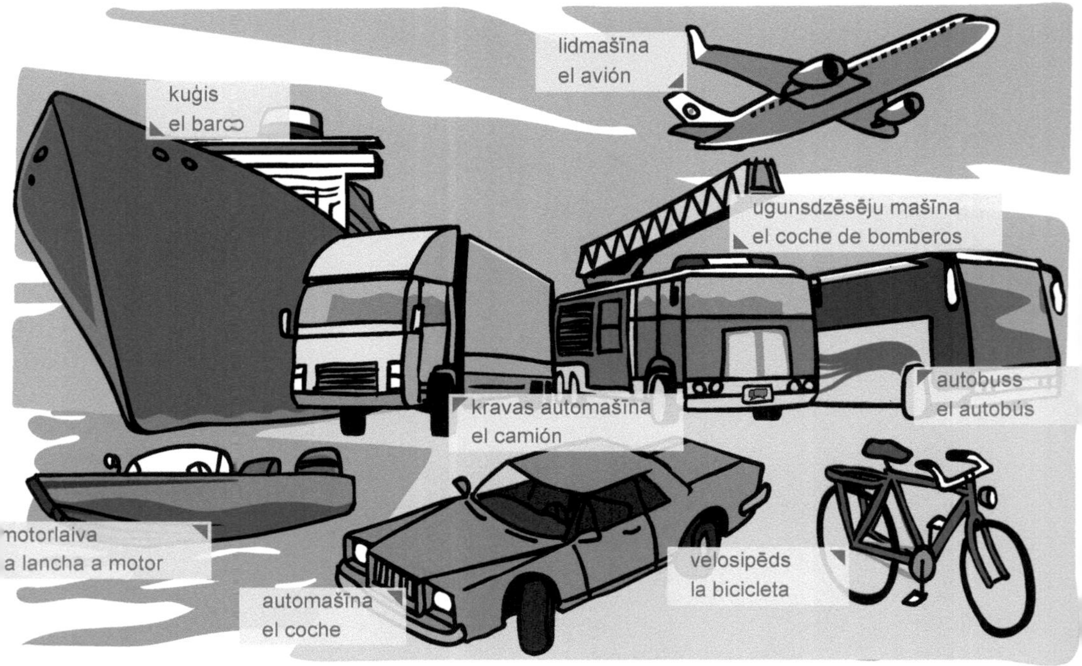

lidmašīna
el avión
kuģis
el barco
ugunsdzēsēju mašīna
el coche de bomberos
autobuss
el autobús
kravas automašīna
el camión
motorlaiva
a lancha a motor
velosipēds
la bicicleta
automašīna
el coche

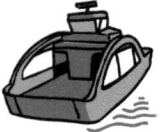

prāmis

el transbordador

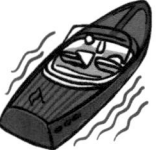

laiva

la barca

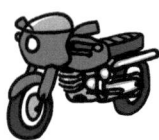

motocikls

la moto

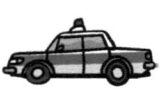

policijas automašīna

el coche de policía

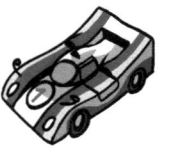

sacīkšu automobilis

el coche de carreras

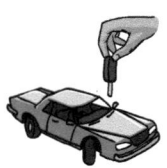

nomas auto

el coche de alquiler

auto koplietošana

el préstamo de vehículos

evakuators

la grúa

atkritumu mašīna

el camión de la basura

dzinējs

el motor

benzīns

la gasolina

degvielas uzpildes stacija

la gasolinera

ceļa zīme

la señal de tráfico

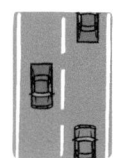

satiksme

el tráfico

sastrēgums

el atasco

stāvvieta

el aparcamiento

dzelzceļa stacija

la estación de tren

sliedes

las vías

vilciens

el tren

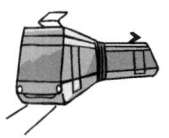

tramvajs

el tranvía

vagons

el vagón

helikopters

el helicóptero

lidosta

el aeropuerto

tornis

la torre

pasažieris

el pasajero

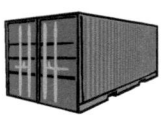

konteiners

el contenedor

kaste

la caja de cartón

ratiņi

la carretilla

grozs

la cesta

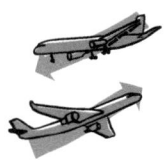

pacelties / nosēsties

despegar / aterrizar

pilsēta

la ciudad

ciems

el pueblo

pilsētas centrs

el centro de la ciudad

māja

la casa

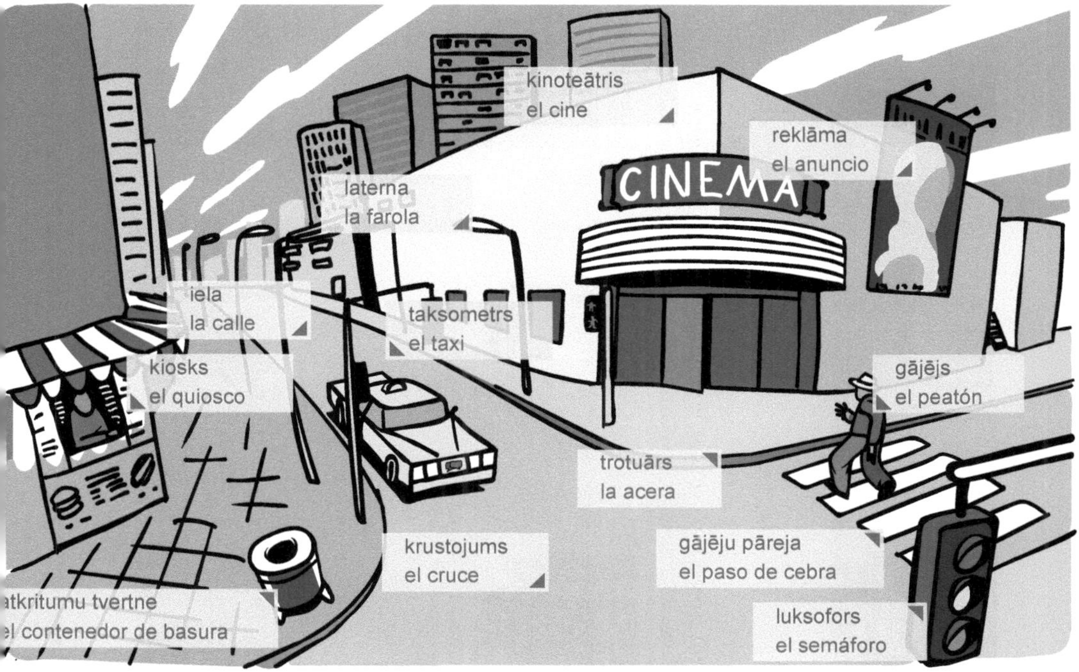
kinoteātris
el cine
reklāma
el anuncio
CINEMA
laterna
la farola
iela
la calle
taksometrs
el taxi
kiosks
el quiosco
gājējs
el peatón
trotuārs
la acera
krustojums
el cruce
gājēju pāreja
el paso de cebra
atkritumu tvertne
el contenedor de basura
luksofors
el semáforo

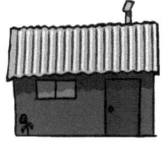

būda

la cabaña

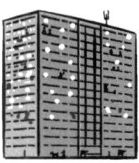

dzīvoklis

el apartamento

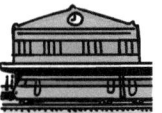

dzelzceļa stacija

la estación de tren

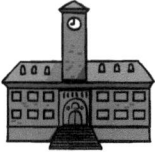

rātsnams

el ayuntamiento

MUSEUM

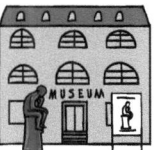

muzejs

el museo

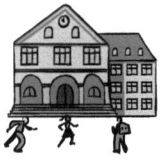

skola

la escuela

universitāte

la universidad

banka

el banco

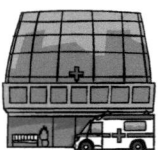

slimnīca

el hospital

viesnīca

el hotel

aptieka

la farmacia

birojs

la oficina

grāmatnīca

la librería

veikals

la tienda de campaña

ziedu veikals

la floristería

lielveikals

el supermercado

tirgus

el mercado

tirdzniecības centrs

los grandes almacenes

zivju tirgotājs

la pescadería

tirdzniecības centrs

el centro comercial

osta

el puerto

parks
el parque

sols
el banco

tilts
el puente

kāpnes
las escaleras

metro
el metro

tunelis
el túnel

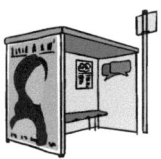

autobusa pieturvieta
la parada de autobús

bārs
el bar

restorāns
el restaurante

pastkastīte
el buzón

ielas nosaukuma plāksne
el poste indicador

stāvlaika skaitītājs
el parquímetro

zooloģiskais dārzs
el zoo

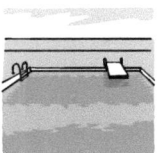

peldbaseins
la piscina

mošeja
la mezquita

zemnieku saimniecība
....
la granja

vides piesārņojums
....
la contaminación

kapsēta
....
el cementerio

baznīca
....
la iglesia

spēļu laukums
....
el patio de juego

templis
....
el templo

ainava
el paisaje

lapa
la hoja

ceļrādis
la señal

ceļš
el camino

pļava
el prado

akmens
la piedra

ceļotājs
el excursionista

koks
el árbol

upe
el río

zāle
la hierba

puķe
la flor

ieleja
el valle

kalns
la colina

ezers
el lago

mežs
el bosque

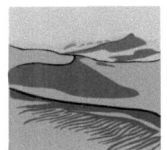

tuksnesis
el desierto

vulkāns
el volcán

pils
el castillo

varavīksne
el arcoíris

sēne
el champiñón

palma
la palmera

moskīts
el mosquito

muša
la mosca

skudra
la hormiga

bite
la abeja

zirneklis
la araña

vabole

el escarabajo

varde

la rana

vāvere

la ardilla

ezis

el erizo

zaķis

la liebre

pūce

la lechuza

putns

el pájaro

gulbis

el cisne

meža cūka

el jabalí

briedis

el ciervo

alnis

el alce

aizsprosts

la presa

vēja ģenerators

la turbina eólica

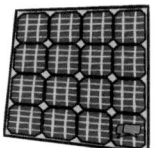

saules baterija

el panel solar

klimats

el clima

viesmīlis
el camarero

ēdienkarte
el menú

krēsls
la silla

zupa
la sopa

pica
la pizza

galda piederumi
la cubertería

galdauts
el mantel

uzkoda
el primer plato

pamatēdiens
el plato principal

deserts
el postre

dzērieni
las bebidas

ēdiens
la comida

pudele
la botella

ātrās uzkodas

la comida rápida

ielu uzkodas

la comida callejera

tējkanna

la tetera

cukurtrauks

el azucarero

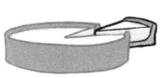

porcija

la porción

espresso kafijas automāts

la cafetera expreso

bāra krēsls

la trona

rēķins

la cuenta

paplāte

la bandeja

nazis

el cuchillo

dakša

el tenedor

karote

la cuchara

tējkarote

la cucharilla

salvete

la servilleta

glāze

el vaso

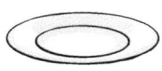

šķīvis

el plato

zupas šķīvis

el plato hondo

apakštase

el platillo

mērce

la salsa

sāls trauciņš

el salero

piparu dzirnaviņas

el molinillo de pimienta

etiķis

el vinagre

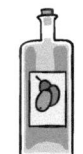

eļļa

el aceite

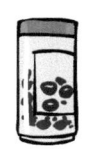 

garšvielas

las especias

kečups

el ketchup

sinepes

la mostaza

majonēze

la mayonesa

lielveikals
el supermercado

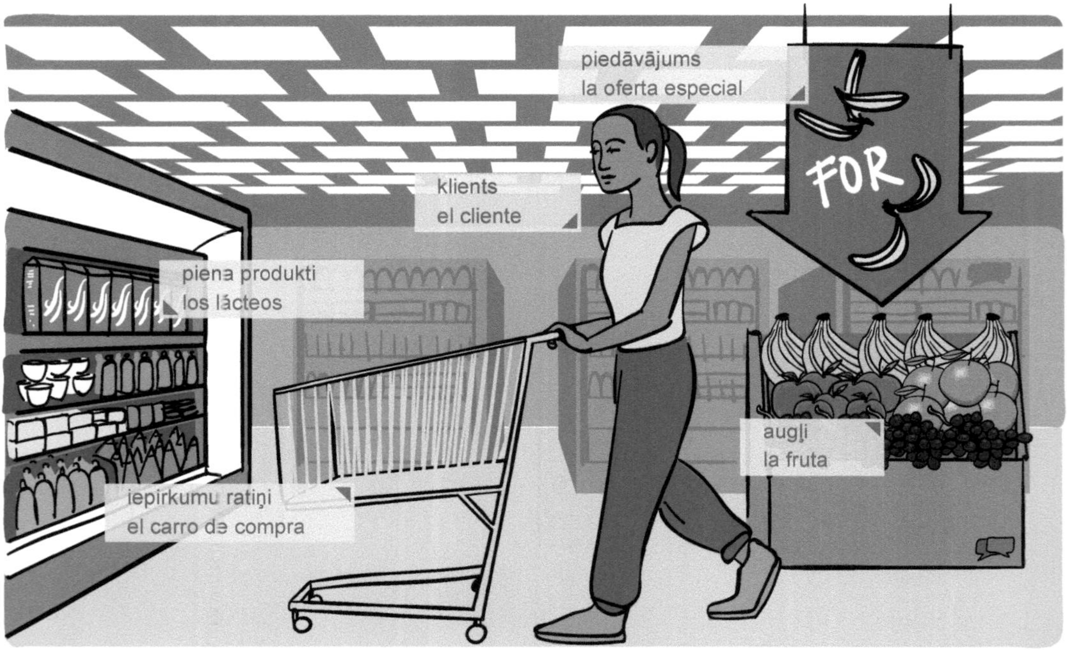

piedāvājums
la oferta especial
FOR
klients
el cliente
piena produkti
los lácteos
augļi
la fruta
iepirkumu ratiņi
el carro de compra

BUTCHERS

kautuve

la carniceria

BAKERY

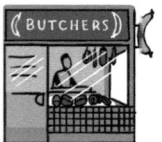

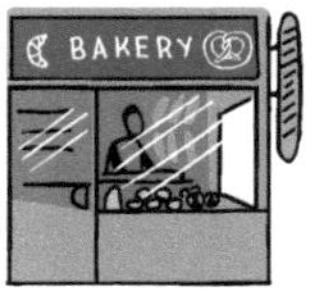

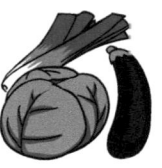

maizes veikals

la panadería

svērt

pesar

dārzeņi

las verduras

gaļa

la carne

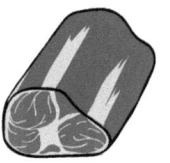

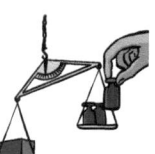

saldēti produkti

los alimentos congelados

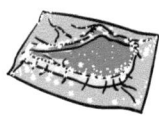

aukstās gaļas uzkodas

los fiambres

konservi

las conservas

pulveris

el detergente en polvo

saldumi

los dulces

mājsaimniecības preces

productos de uso doméstico

tīrīšanas līdzeklis

productos de limpieza

pārdevēja

la vendedora

kase

la caja de cartón

kasieris

el cajero

iepirkumu saraksts

la lista de la compra

darba laiks

el horario de atención al público

maks

la cartera

kredītkarte

la tarjeta de crédito

soma

la bolsa de plástico

maisiņš

la bolsa de plástico

ūdens

el agua

sula

el zumo

piens

la leche

kola

la cola

vīns

el vino

alus

la cerveza

alkohols

el alcohol

kakao

el cacao

tēja

el té

kafija

el café

espresso

el expreso

kapučīno

el capuchino

banāns

el plátano

ābols

la manzana

apelsīns

la naranja

melone

el melón

citrons

el limón

burkāns

la zanahoria

ķiploks

el ajo

bambuss

el bambú

sīpols

la cebolla

sēne

el champiñón

rieksti

las avellanas

makaroni

los fideos

spageti

las espagueti

rīsi

el arroz

salāti

la ensalada

frī kartupeļi

las patatas fritas

cepti kartupeļi

las patatas fritas

pica

la pizza

hamburgers

la hamburguesa

sviestmaize

el sándwich

šnicele

el filete

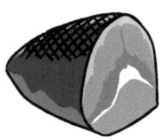

šķiņķis

el jamón

salami

le salami

desa

la salchicha

vista

el pollo

cepetis

el asado

zivs

el pescado

auzu pārslas

los copos de avena

muslis

el muesli

brokastu pārslas

los copos de maíz

milti

la harina

radziņš

el cruasán

brokastu maizītes

el panecillo

maize

el pan

tostermaize

la tostada

cepumi

las galletas

sviests

la mantequilla

biezpiens

la cuajada

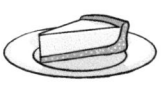

kūka

el pastel

ola

el huevo

cepta ola

el huevo frito

siers

el queso

saldējums

el helado

cukurs

el azúcar

medus

la miel

marmelāde

la mermelada

riekstu krēms

la crema de turrón

karijs

el curry

zemnieku saimniecība

la granja

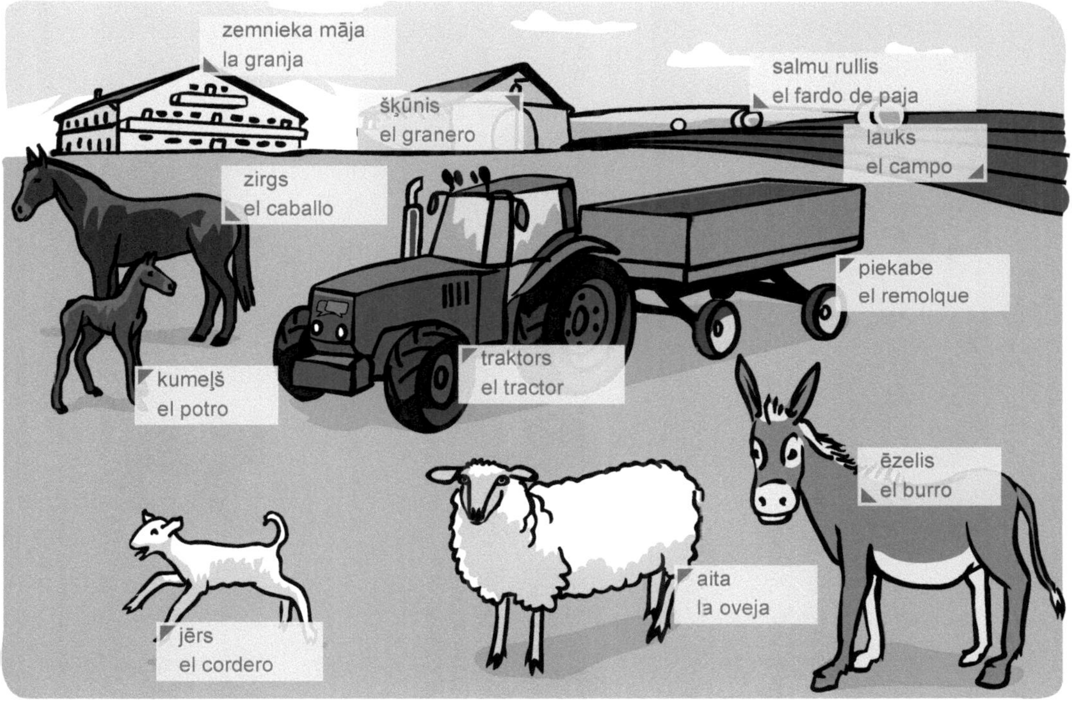

zemnieka māja
la granja
šķūnis
el granero
salmu rullis
el fardo de paja
lauks
el campo
zirgs
el caballo
piekabe
el remolque
kumeļš
el potro
traktors
el tractor
ēzelis
el burro
aita
la oveja
jērs
el cordero

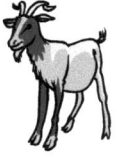

kaza

la cabra

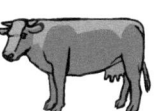

govs

la vaca

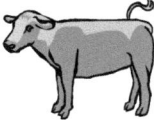

teļš

el ternero

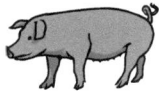

cūka

el cerdo

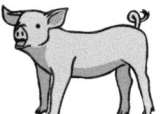

sivēns

el cerdito

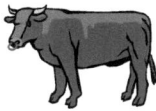

bullis

el toro

zoss
el ganso

pīle
el pato

cālis
el pollo

vista
la gallina

gailis
el gallo

žurka
la rata

kaķis
el gato

pele
el ratón

vērsis
el buey

suns
el perro

suņa būda
la perrera

dārza šļūtene
la manguera

lejkanna
la regadera

izkapts
la guadaña

arkls
el arado

sirpis

la hoz

kaplis

la azada

mēslu dakša

la horca

cirvis

el hacha

ķerra

la carretilla

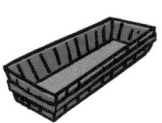

sile

el abrevadero

piena kanna

la lechera

maiss

el saco

žogs

la valla

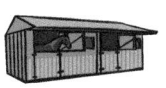

kūts

el establo

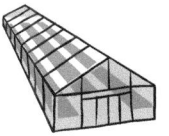

siltumnīca

el invernadero

augsne

el suelo

sēklas

la semilla

mēslojums

el fertilizador

kombains

la cosechadora

novākt ražu

cosechar

raža

la cosecha

jamss

el ñame

kvieši

el trigo

soja

el soja

kartupelis

la patata

kukurūza

el maíz

rapsis

la semilla de colza

augļu koks

el árbol frutal

manioka

la mandioca

labība

las cereales

māja
la casa

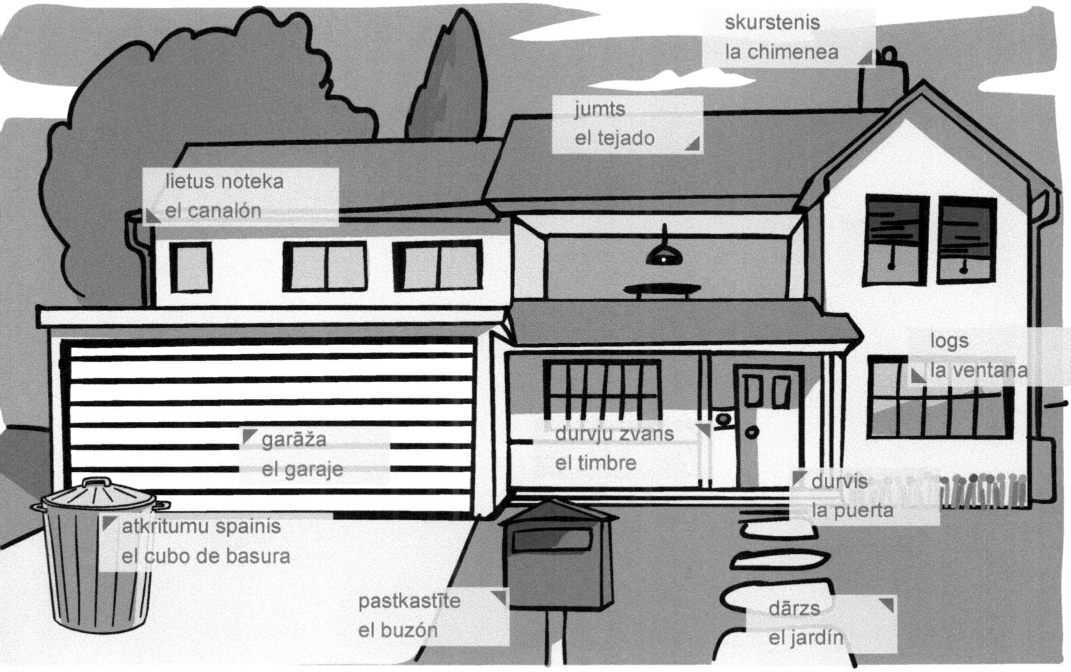
skurstenis
la chimenea
jumts
el tejado
lietus noteka
el canalón
logs
la ventana
garāža
el garaje
durvju zvans
el timbre
durvis
la puerta
atkritumu spainis
el cubo de basura
pastkastīte
el buzón
dārzs
el jardín

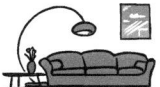

viesistaba

la sala

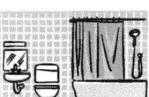

vannas istaba

el cuarto de baño

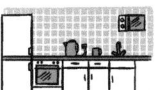

virtuve

la cocina

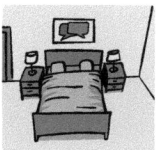

guļamistaba

el dormitorio

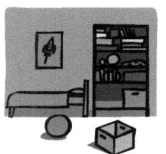

bērnu istaba

la habitación de los niños

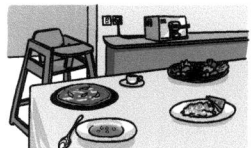

ēdamistaba

el comedor

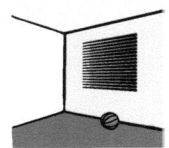

grīda

el suelo

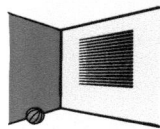

siena

la pared

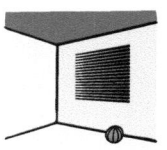

griesti

el techo

pagrabs

el sótano

sauna

la sauna

balkons

el balcón

terase

la terraza

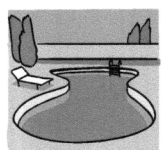

baseins

la piscina

zāles pļāvējs

el cortacésped

gultas veļa

la sábana

sega

la colcha

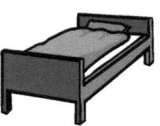

gulta

la cama

slota

la escoba

spainis

el balde

slēdzis

el interruptor

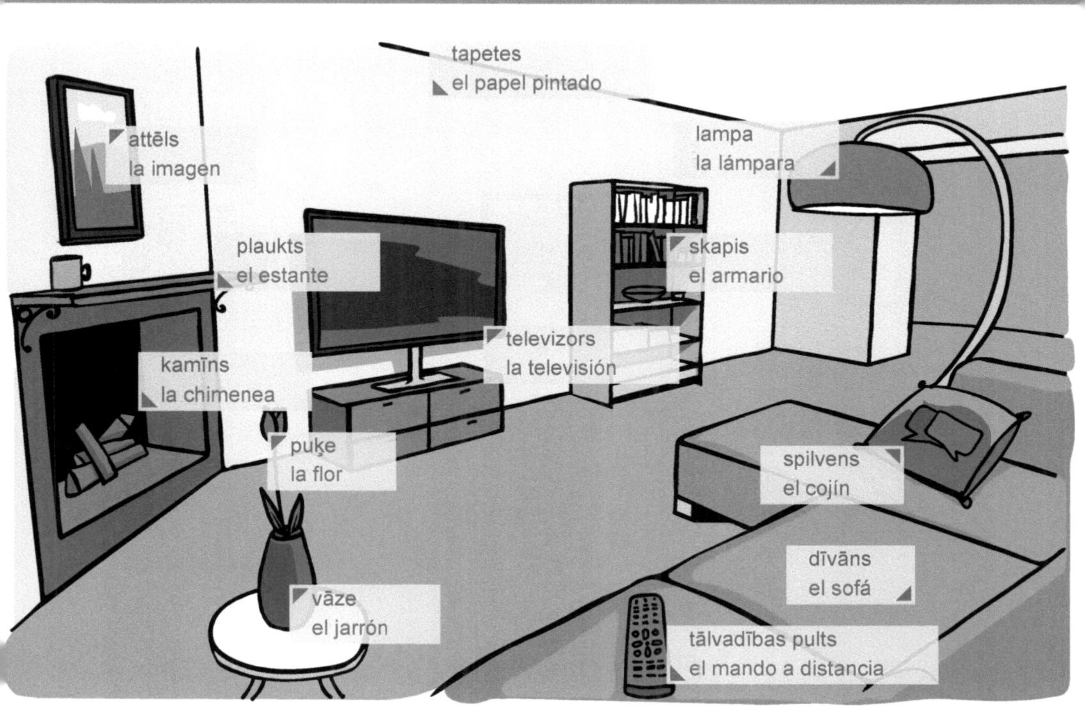

tapetes
el papel pintado

attēls
la imagen

lampa
la lámpara

plaukts
el estante

skapis
el armario

televizors
la televisión

kamīns
la chimenea

puķe
la flor

spilvens
el cojín

dīvāns
el sofá

vāze
el jarrón

tālvadības pults
el mando a distancia

paklājs
la alfombra

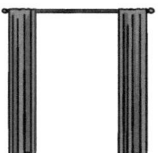

aizkars
la cortina

galds
la mesa

krēsls
la silla

šūpuļkrēsls
el mecedora

atpūtas krēsls
la butaca

grāmata
el libro

sega
la manta

dekorācija
la decoración

malka
la leña

filma
la película

mūzikas centrs
el equipo de música

atslēga
la llave

avīze
el periódico

glezna
la pintura

plakāts
el póster

radio
la radio

pierakstu blociņš
el cuaderno

putekļu sūcējs
la aspiradora

kaktuss
el cactus

svece
la vela

virtuve
la cocina

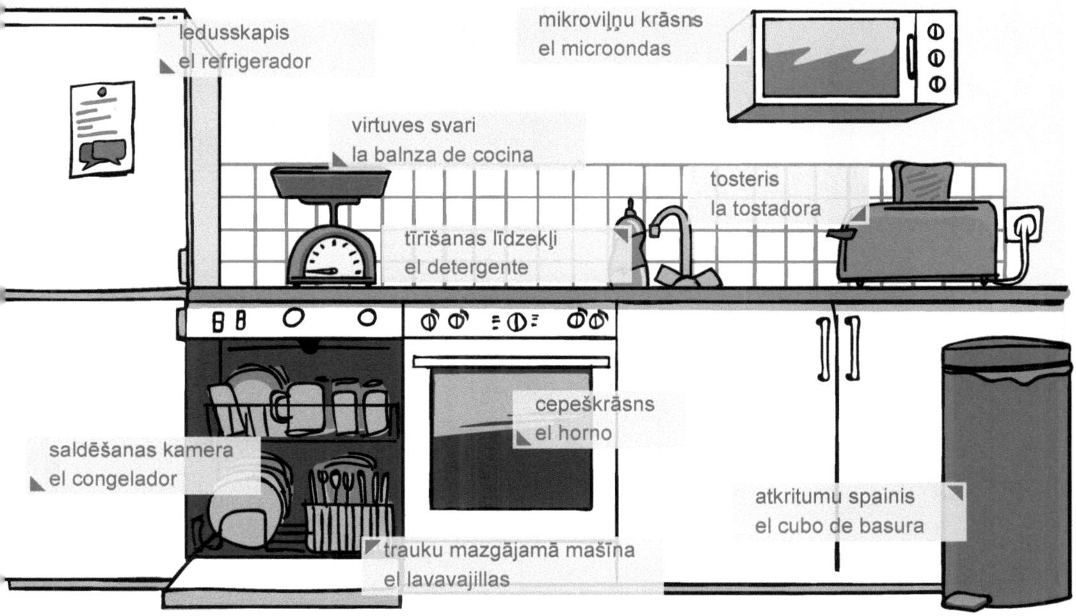
ledusskapis
el refrigerador
mikroviļņu krāsns
el microondas
virtuves svari
la balnza de cocina
tosteris
la tostadora
tīrīšanas līdzekļi
el detergente
cepeškrāsns
el horno
saldēšanas kamera
el congelador
atkritumu spainis
el cubo de basura
trauku mazgājamā mašīna
el lavavajillas

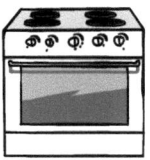

plīts
la olla a presión

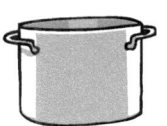

pods
la olla

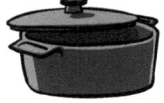

katls
la olla de hierro fundido

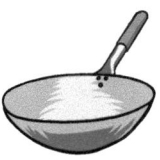

Wok panna
el wok

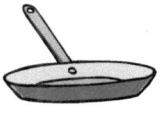

panna
la cazuela

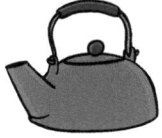

elektriskā tējkanna
el hervidor

tvaika katls

la vaporera

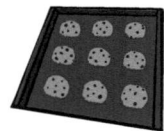

cepešpanna

la chapa de horno

trauki

la vajilla

krūze

la taza

bļoda

el tazón

irbulīši

los palillos

kauss

el cucharón

lāpstiņa

la espumadera

putošanas slotiņa

el batidor

sietiņš

el colador

siets

el cedazo

rīve

el rallador

piesta

el mortero

grilēt

la barbacoa

atklāts pavards

la hoguera

dēlis

la tabla de picar

mīklas rullis

el rodillo

korķu vilķis

el sacacorchos

bundža

la lata

konservu nazis

el abrelatas

virtuves cimdi

el agarrador

izlietne

el lavabo

birste

el cepillo

sūklis

la esponja

mikseris

la batidora

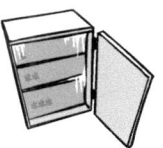

saldētava

el congelador

bērna pudelīte

el biberón

ūdenskrāns

el grifo

vannas istaba
el cuarto de baño

duša
la ducha
apkure
la calefacción
dvielis
la toalla
dušas aizkari
la cortina de la ducha
vannas putas
el baño de espuma
vanna
la bañera
glāze
el vaso
veļas mašīna
la lavadora
ūdenskrāns
el grifo
flīzes
las baldosas
podiņš
el orinal
izlietne
el lavabo

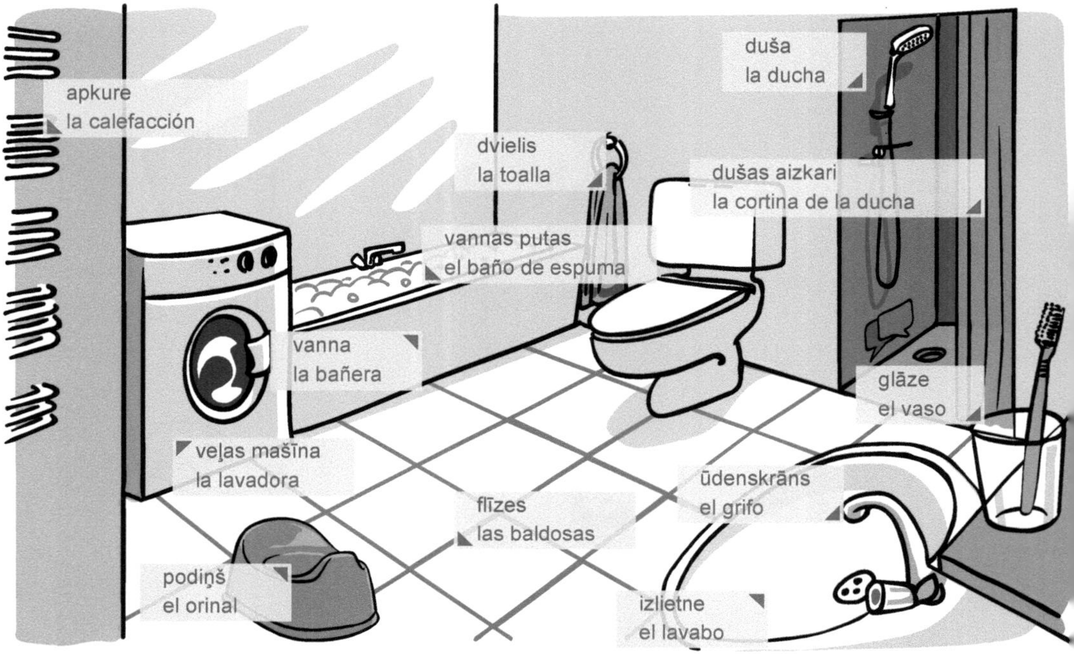

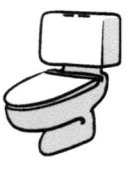

tualetes pods

el inodoro

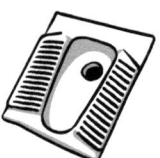

Āzijas tipa tualete

el inodoro rústico

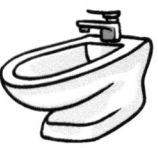

bidē

el bidé

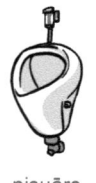

pisuārs

el urinario

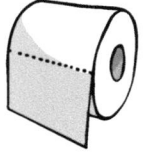

tualetes papīs

el papel higiénico

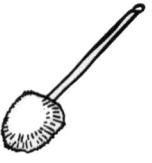

tualetes birste

la escobilla del váter

zobu birste

el cepillo de dientes

zobu pasta

la pasta de dientes

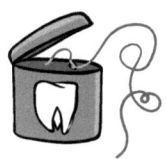

zobu diegs

el hilo dental

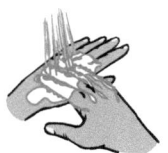

mazgāt

lavar

rokas duša

la ducha de mano

duša

la ducha íntima

bļoda

la pila

muguras mazgāšanas birste

el cepillo de espalda

ziepes

el jabón

dušas želeja

el gel de ducha

šampūns

el champú

mazgāšanas drāna

la toallita

noteka

el desagüe

krēms

la crema

dezodorants

el desodorante

spogulis
....
el espejo

spogulītis
....
el espejo de tocador

skuveklis
....
la maquinilla de afeitar

skūšanās putas
....
la espuma de afeitar

losjons pēc skūšanās
....
la loción postafeitado

ķemme
....
el peine

matu suka
....
el cepillo

matu fēns
....
el secador

matu laka
....
la laca

grima komplekts
....
el maquillaje

lūpu krāsa
....
el pintalabios

nagulaka
....
el pintauñas

vate
....
el algodón

šķērītes
....
el cortauñas

smaržas
....
el perfume

kosmētikas maks

el estuche de viaje

ķeblītis

la banqueta

svari

la balanza

halāts

el albornoz

tīrīšanas cimdi

los guantes de goma

tampons

el tampón

pakete

la compresa

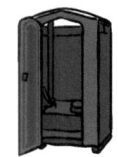

ķīmiskā tualete

el inodoro químico

bērnu istaba
la habitación de los niños

modinātājs
el despertador
mīkstā rotaļlieta
el peluche
spēļu automašīna
el coche de juguete
grabulis
el sonajero
leļļu māja
la casa de muñecas
dāvana
el regalo

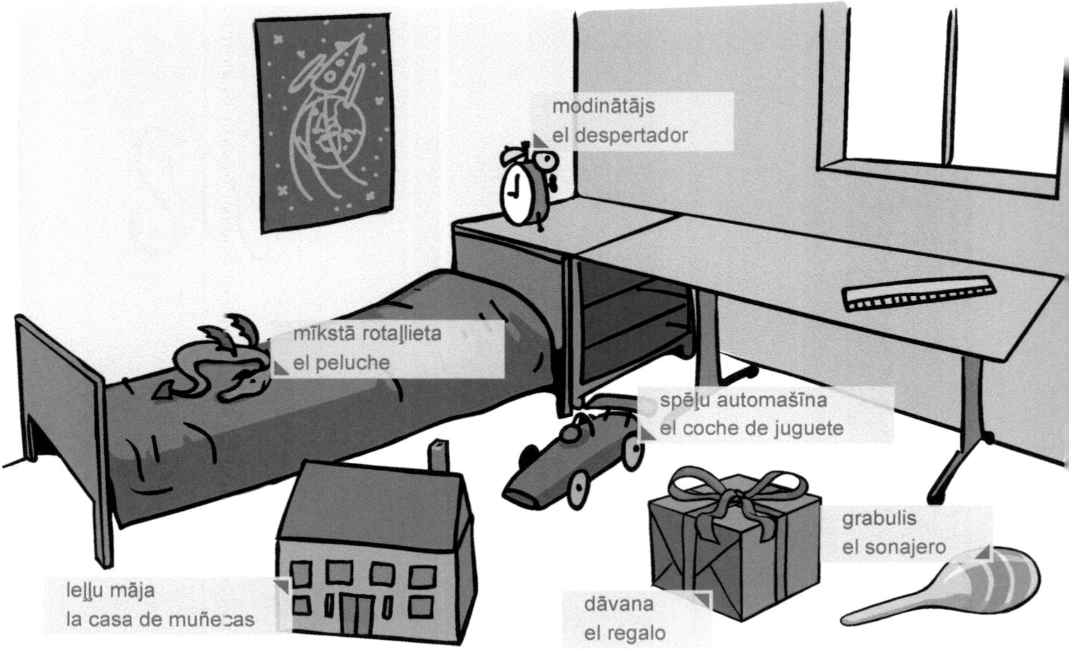

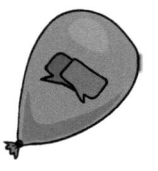

balons

el globo

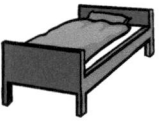

gulta

la cama

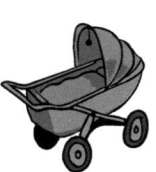

bērnu ratiņi

el coche de niño

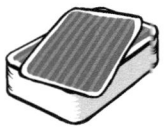

kārtis

los naipes

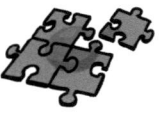

puzle

el puzle

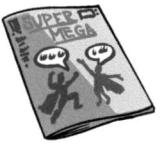

komikss

el tebeo

LEGO klucīši

las piezas de lego

klucīši

los bloques de juguete

varoņu figūra

la figura de acción

rāpulītis

el bodi (de bebé)

lidojošais šķīvītis

el frisbee

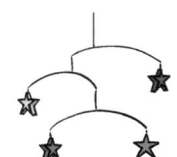

muzikālais karuselis

el colgador móvil para
bebés

galda spēle

el juego de mesa

metamais kauliņš

los dados

rotaļu dzelzceļš

el circuito de tren eléctrico

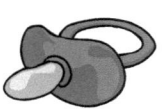

māneklis

el maniquí

ballīte

la fiesta

bilžu grāmata

el álbum de fotos

bumba

la pelota

lelle

la muñeca

spēlēt

jugar

smilšu kaste

el cajón de arena

šūpoles

el columpio

rotaļlietas

los juguetes

spēļu konsole

la videoconsola

trīsritenis

el triciclo

plīša lācītis

el oso de peluche

drēbju skapis

la guardarropa

apģērbs

la ropa

īszeķes

los calcetines

zeķes

las medias

zeķbikses

los leotardos

šalle
la bufanda

siksna
el cinturón

lietussargs
el paraguas

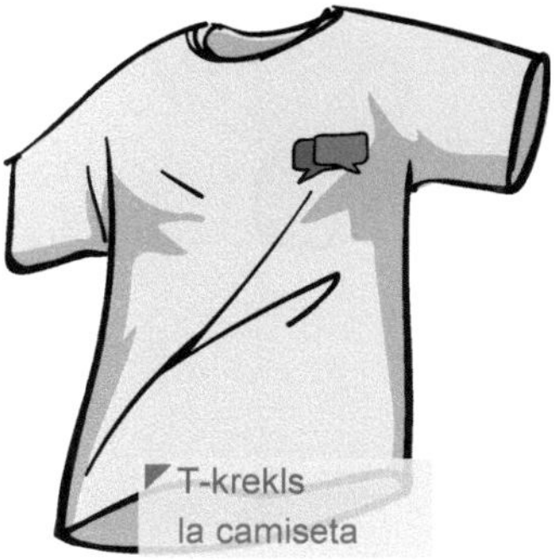

T-krekls
la camiseta

zābaks
las botas

čības
las zapatillas

botas
las deportivas

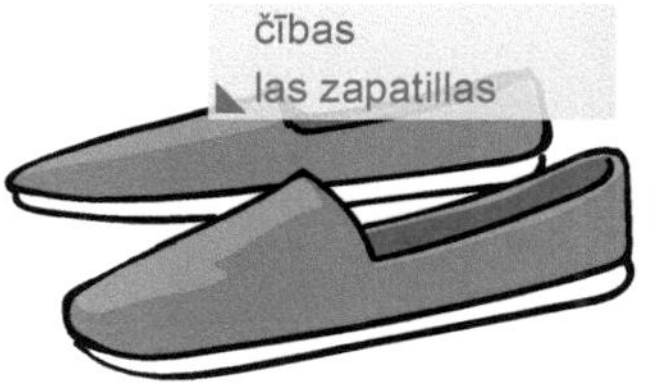

sandales
....
las sandalias

kurpes
....
los zapatos

gumijas zābaki
....
las botas de goma

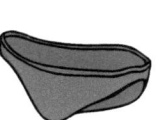

apakšbikses
....
el slip

krūšturis
....
el sostén

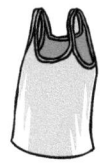

apakškrekls
....
el chaleco

apģērbs - la ropa   45

bodijs
....
el bodi

bikses
....
los pantalones cortos

džinsi
....
los vaqueros

svārki
....
la falda

blūze
....
la blusa

krekls
....
la camisa

pulovers
....
el jersey

džemperis
....
el suéter

žakete
....
el blazer

jaka
....
la chaqueta

mētelis
....
el abrigo

lietus mētelis
....
la gabardina

kostīms
....
el traje

kleita
....
el vestido

kāzu kleita
....
el vestido de novia

uzvalks

el traje

naktskrekls

el camisón

pidžama

el pijama

sari

el sati

lakats

el bandana

turbāns

el turbante

burka

la burka

kaftāns

el caftán

abaja

la abaya

peldkostīms

el traje de baño

peldbikses

el bañador

šorti

los pantalones cortos

treniņtērps

el chándal

priekšauts

el delantal

cimdi

los guantes

poga

el botón

brilles

las gafas

rokassprādze

el brazalete

kaklarota

el collar

gredzens

el anillo

auskars

el pendiente

cepure

la gorra

drēbju pakaramais

la percha

platmale

el sombrero

kaklasaite

la corbata

rāvējslēdzējs

la cremallera

ķivere

el casco

bikšturi

los tirantes

skolas forma

el uniforme

uniforma

el uniforme

apģērbs - la ropa

priekšautiņš
el babero

māneklis
el maniquí

autiņbiksītes
el pañal

birojs
la oficina

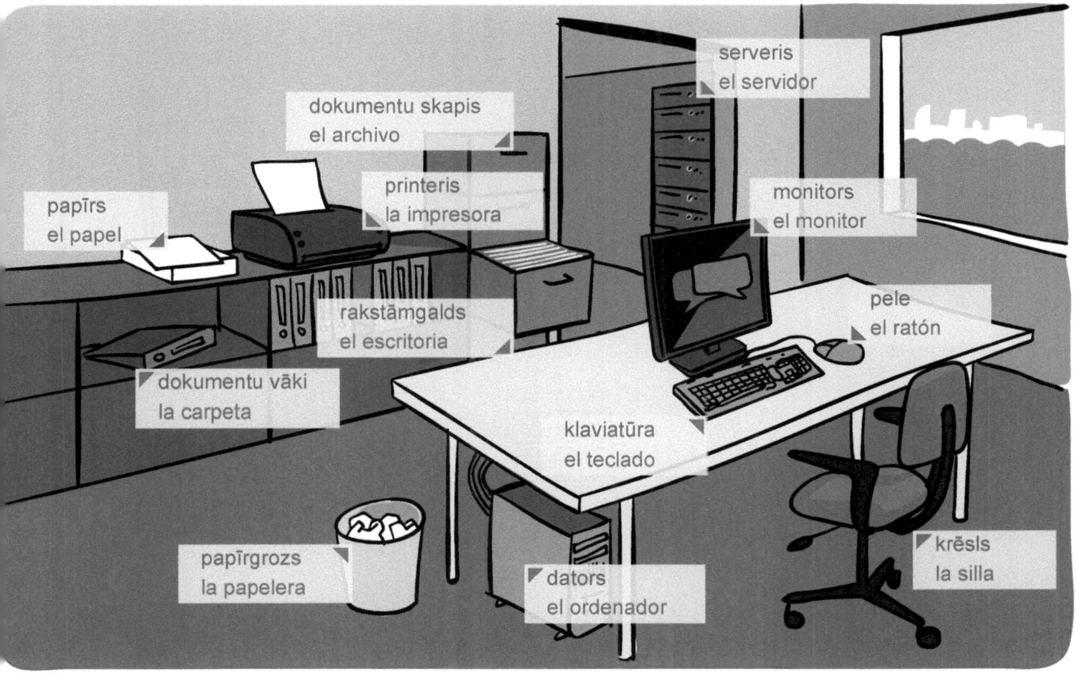

serveris
el servidor

dokumentu skapis
el archivo

printeris
la impresora

monitors
el monitor

papīrs
el papel

rakstāmgalds
el escritoria

pele
el ratón

dokumentu vāki
la carpeta

klaviatūra
el teclado

papīrgrozs
la papelera

krēsls
la silla

dators
el ordenador

kafijas krūze
la taza de café

kalkulators
la calculadora

internets
el internet

portatīvais dators
el portátil

vēstule
la carta

ziņa
el mensaje

mobilais tālrunis
el móvil

tīkls
la red

kopētājs
la fotocopiadora

programmatūra
el software

telefons
el teléfono

rozete
la toma de corriente

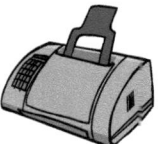

faksa aparāts
el fax

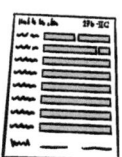

formulārs
el formulario

dokuments
el documento

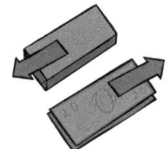

pirkt

comprar

samaksāt

pagar

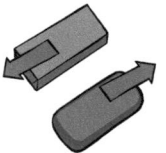

tirgot

comerciar

nauda

el dinero

USD

dolārs

el dólar

EUR

eiro

el euro

JPY

jēna

el yen

RUB

rublis

el rublo

CHF

franks

el franco suizo

CNY

juaņa renminbi

el renminbi yuan

INR

rūpija

la rupia

bankomāts

el cajero automático

valūtas maiņas punkts

la oficina de cambio de divisas

zelts

el oro

sudrabs

la plata

nafta

el petróleo

enerģija

la energía

cena

el precio

līgums

el contrato

nodoklis

el impuesto

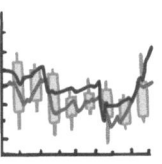

akcija

la acción

strādāt

trabajar

darbinieks

el empleador

darba devējs

el empleador

fabrika

la fábrica

veikals

la tienda de campaña

profesijas
los oficios

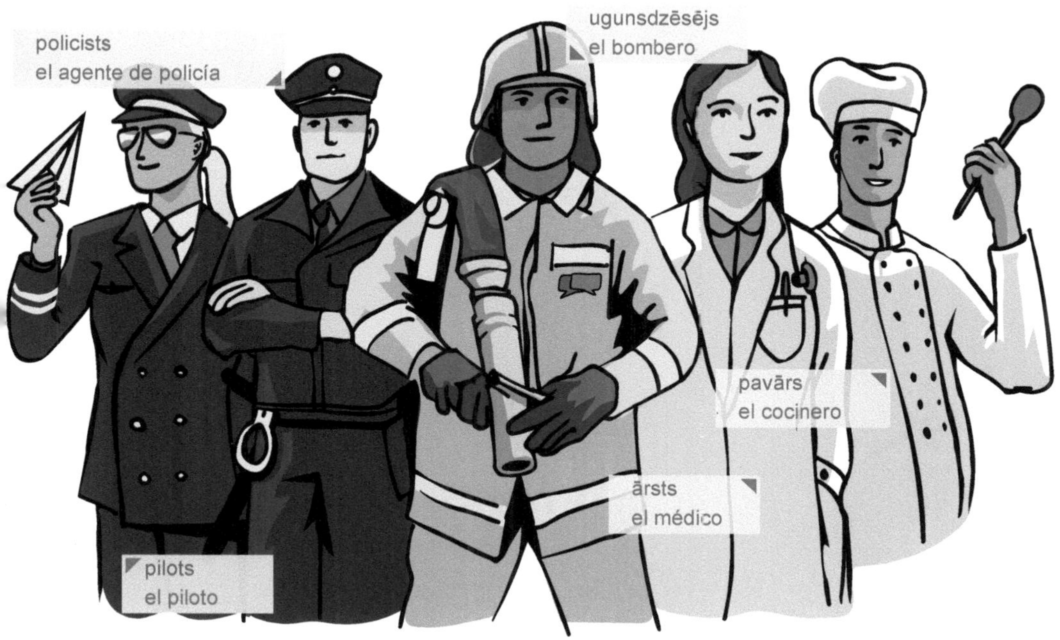

policists
el agente de policía
ugunsdzēsējs
el bombero
pavārs
el cocinero
ārsts
el médico
pilots
el piloto

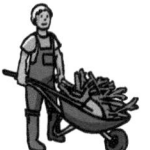

dārznieks

el jardinero

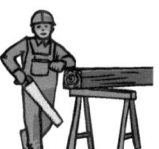

galdnieks

el carpintero

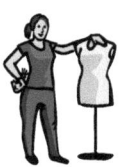

šuvēja

la costurera

tiesnesis

el juez

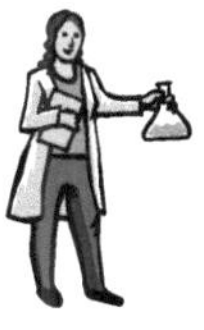

ķīmiķis

el farmacéutico

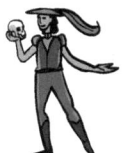

aktieris

el actor

autobusa vadītā s

el conductor de autobús

taksometra vadītājs

el taxista

zvejnieks

el pescador

apkopēja

la señora de la limpieza

jumiķis

el techador

viesmīlis

el camarero

mednieks

el cazador

gleznotājs

el pintor

maiznieks

el panadero

elektriķis

el electricista

celtnieks

el obrero

inženieris

el ingeniero

miesnieks

el carnicero

skārdnieks

el fontanero

pastnieks

el cartero

karavīrs

el soldado

arhitekts

el arquitecto

kasieris

el cajero

florists

el florista

frizieris

el peluquero

konduktors

el revisor

mehāniķis

el mecánico

kapteinis

el capitán

zobārsts

el dentista

zinātnieks

el científico

rabīns

el rabino

imāms

el imán

mūks

el monje

mācītājs

el sacerdote

instrumenti
las herramientas

āmurs
el martillo
knaibles
los alicates
skrūvgriezis
el destornillador
uzgriežņu atslēga
la llave
kabatas lukturītis
la linterna

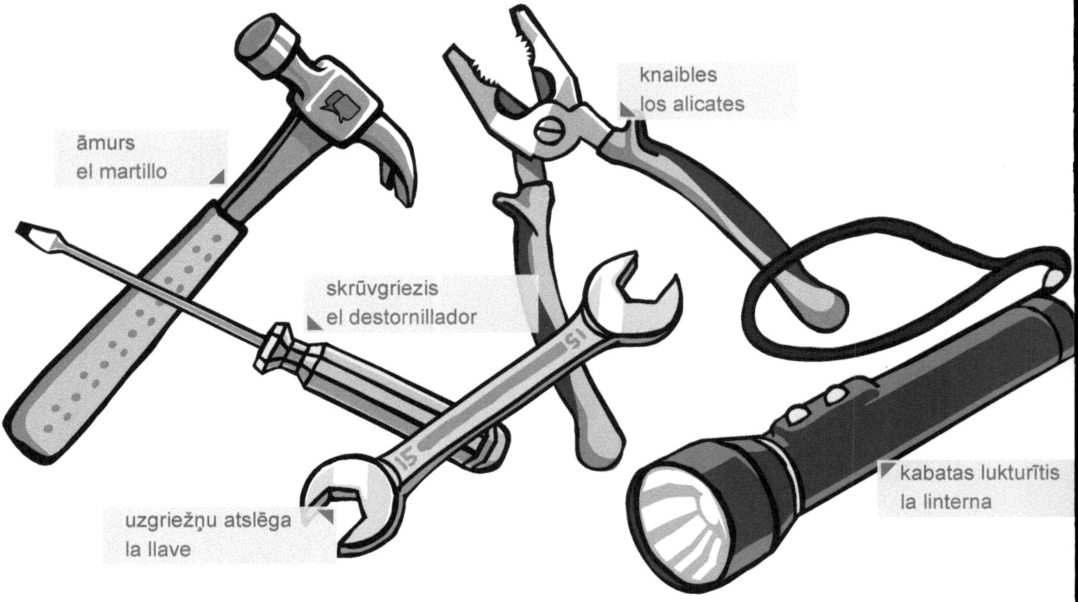

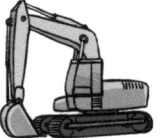

ekskavators

la excavadora

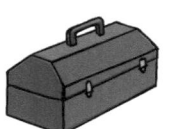

instrumentu kaste

la caja de herramientas

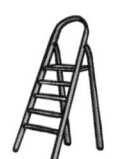

kāpnes

la escalera de mano

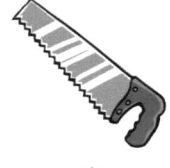

zāģis

la sierra

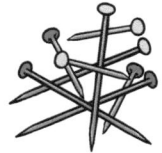

naglas

los clavos

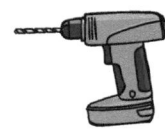

urbis

el taladro

remontēt

reparar

lāpsta

la pala

Velns!

¡Maldita sea!

liekšķere

el recogedor

krāsas bundža

el bote de pintura

skrūves

los tornillos

mūzikas instrumenti
los instrumentos musicales

skaļrunis
el altavoz

bungas
la batería

kontrabass
el contrabajo

trompete
la trompeta

ģitāra
la guitarra

klavieres

el piano

vijole

el violín

bass

bajo

timpāni

los timbales

bungas

el tambor

digitālās klavieres

el teclado

saksofons

el saxofón

flauta

la flauta

mikrofons

el micrófono

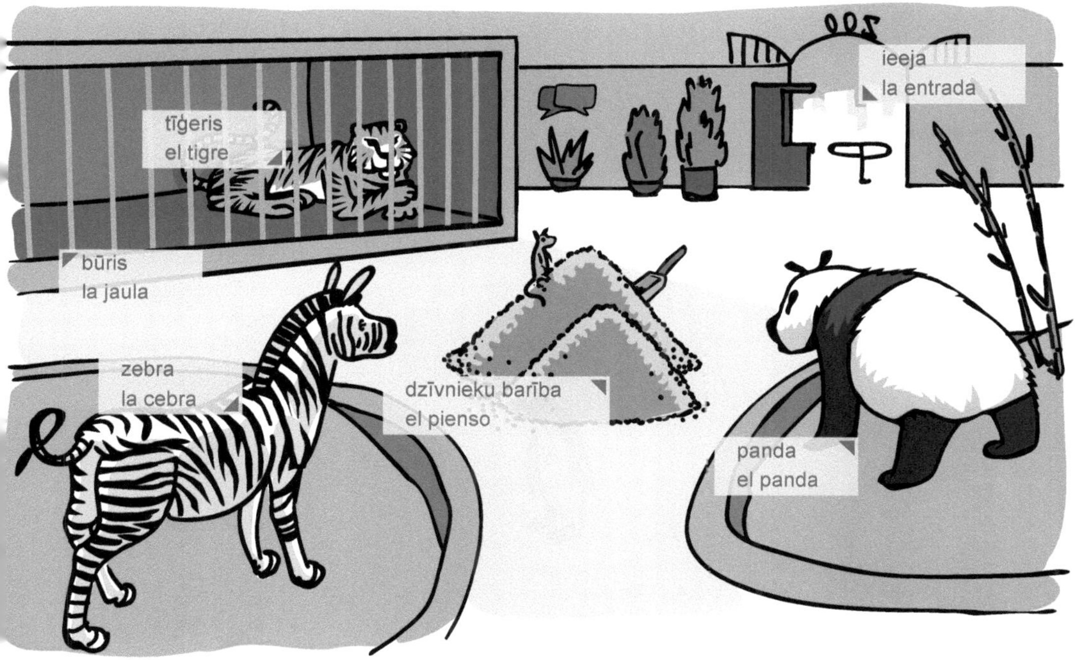

tīģeris
el tigre

ieeja
la entrada

būris
la jaula

zebra
la cebra

dzīvnieku barība
el pienso

panda
el panda

dzīvnieki

los animales

zilonis

el elefante

ķengurs

el canguro

degunradzis

el rinoceronte

gorilla

el gorila

lācis

el oso

kamielis
el camello

strauss
el avestruz

lauva
el león

pērtiķis
el mono

flamings
el flamingo

papagailis
el loro

polārlācis
el oso polar

pingvīns
el pingüino

haizivs
el tiburón

pāvs
el pavo real

čūska
la serpiente

krokodils
el cocodrilo

zoodārza sargs
el guardián de zoológico

ronis
la foca

jaguārs
el jaguar

ponijs

el poni

leopards

el leopardo

nīlzirgs

el hipopótamo

žirafe

la jirafa

ērglis

el águila

meža cūka

el jabalí

zivs

el pescado

bruņurupucis

la tortuga

valzirgs

la morsa

lapsa

el zorro

gazele

la gacela

amerikāņu futbols
el fútbol americano

riteņbraukšana
el ciclismo

teniss
el tenis

basketbols
el baloncesto

peldēšana
la natación

hokejs
el hockey sobre hielo

bokss
el boxeo

futbols
el fútbol

badmintons
el bádminton

vieglatlētika
el atletismo

rokas bumba
el balonmano

slēpošana
el esquí

polo
el polo

lēkt
saltar

apskaut
abrazar

smieties
reír

iet
caminar

dziedāt
cantar

sapņot
soñar

lūgt
rezar

skūpstīt
besar

rakstīt
escribir

zīmēt
dibujar

rādīt
mostrar

spiest
empujar

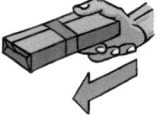

dot
dar

ņemt
tomar

būt

tener

darīt

hacer

būt

ser

stāvēt

estar de pie

skriet

correr

vilkt

tirar

mest

tirar

krist

caer

gulēt

yacer

gaidīt

esperar

nest

llevar

sēdēt

estar sentado

uzģērbt

vestirse

gulēt

dormir

pamosties

despertar

skatīties

mirar

raudāt

llorar

glāstīt

acariciar

ķemmēt

peinar

runāt

hablar

saprast

entender

jautāt

preguntar

dzirdēt

escuchar

dzert

beber

ēst

comer

sakārtot

ordenar

mīlēt

amar

vārīt

cocinar

braukt

conducir

lidot

volar

burot

navegar

rēķināt

calcular

lasīt

leer

mācīties

aprender

strādāt

trabajar

precēties

casarse

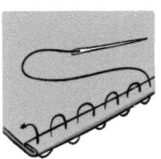

šūt

coser

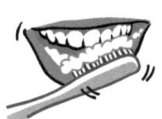

tīrīt zobus

cepillarse los dientes

nogalināt

matar

smēķēt

fumar

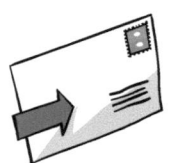

sūtīt

enviar

vecāmāte
la abuela

vectēvs
el abuelo

tēvs
el padre

māte
la madre

mazulis
el bebé

meita
la hija

dēls
el hijo

viesis

el invitado

tante

la tía

onkulis

el tío

brālis

el hermano

māsa

la hermana

ķermenis
el cuerpo

piere
la frente
acs
el ojo
plecs
el hombro
pirksts
el dedo
seja
la cara
zods
la barbilla
roka
la mano
kāja
la pierna
krūtis
el pecho
roka
el brazo

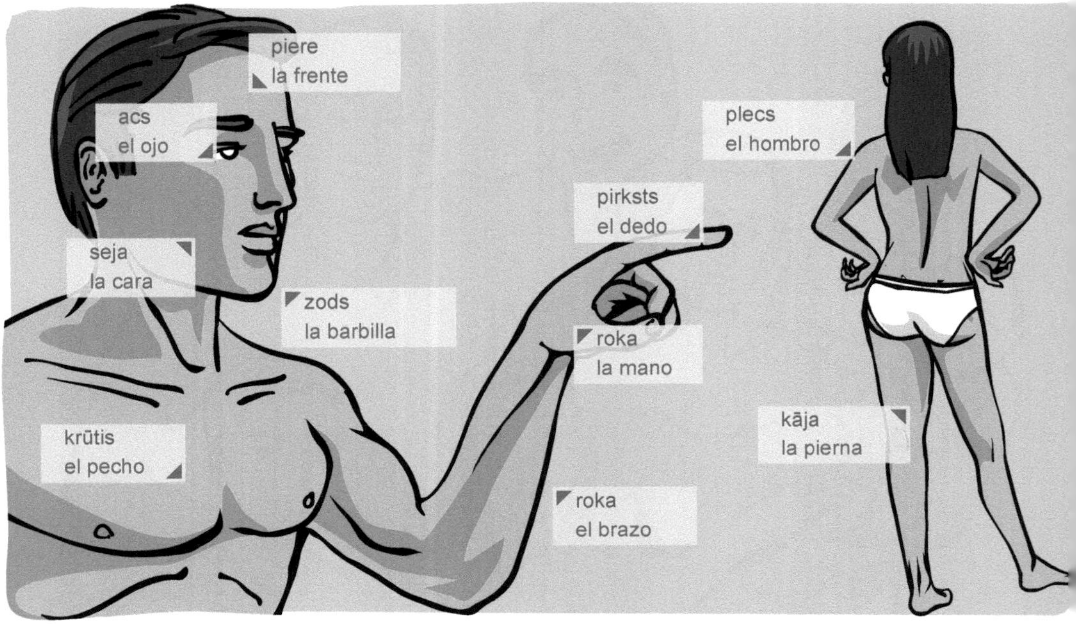

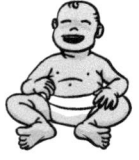

mazulis
el bebé

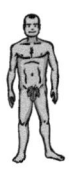

vīrietis
el hombre

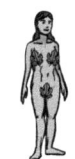

sieviete
la mujer

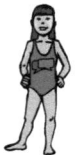

meitene
la chica

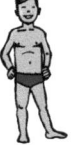

zēns
el chico

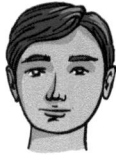

galva
la cabeza

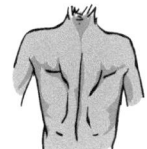

mugura

la espalda

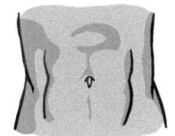

vēders

el vientre

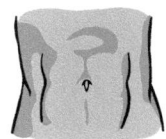

naba

el ombligo

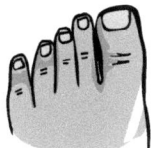

kājas pirksts

el dedo del pie

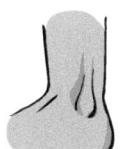

papēdis

el talón

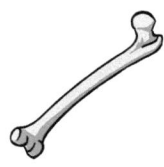

kauls

el hueso

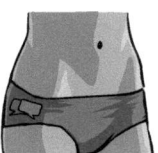

gurns

la cadera

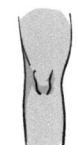

celis

la rodilla

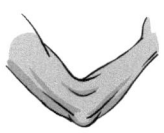

elkonis

el codo

deguns

la nariz

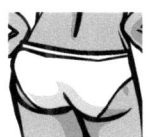

dibens

el trasero

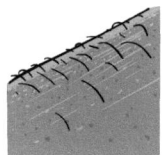

āda

la piel

vaigs

la mejilla

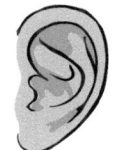

auss

el oído

lūpa

el labio

ķermenis - el cuerpo

mute
la boca

zobs
el diente

mēle
la lengua

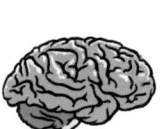

smadzenes
el cerebro

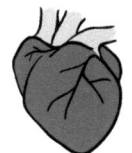

sirds
el corazón

muskulis
el músculo

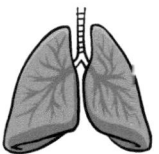

plaušas
el pulmón

aknas
el hígado

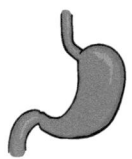

kuņģis
el estómago

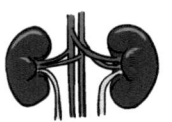

nieres
los riñones

dzimumakts
el sexo

kondoms
el condón

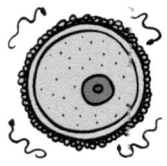

olšūna
el ovario

sperma
el semen

grūtniecība
el embarazo

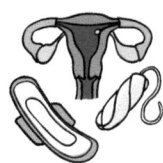

menstruācijas

la menstruación

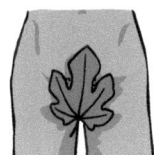

vagīna

la vagina

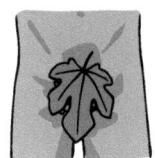

penis

el pene

uzacs

la ceja

mati

el pelo

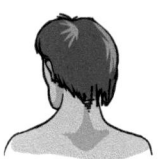

kakls

el cuello

slimnīca
el hospital

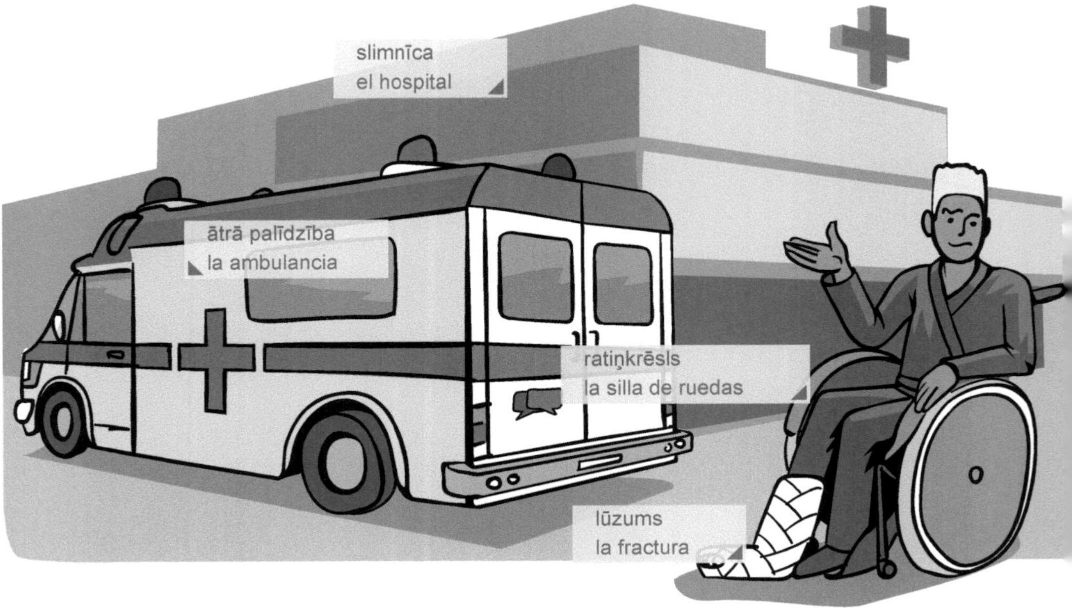

slimnīca
el hospital
ātrā palīdzība
la ambulancia
ratiņkrēsls
la silla de ruedas
lūzums
la fractura

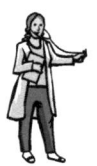

ārsts

el médico

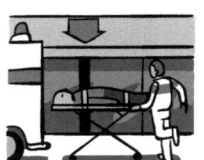

neatliekamās palīdzības nodaļa

la sala de urgencias

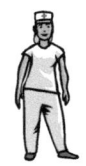

medmāsa

la enfermera

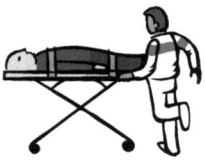

ārkārtas gadījums

la urgencia

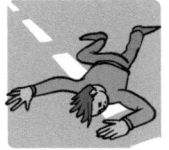

paģībis

inconsciente

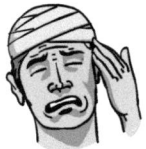

sāpes

el dolor

ievainojums

la lesión

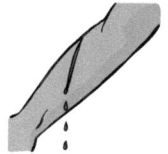

asiņošana

la hemorragia

sirdslēkme

el infarto

insults

el ictus

alerģija

la alergia

klepus

la tos

temperatūra

la fiebre

gripa

la gripe

caureja

la diarrea

galvassāpes

el dolor de cabeza

vēzis

el cáncer

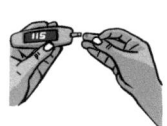

diabēts

la diabetes

ķirurgs

el cirujano

skalpelis

el bisturí

operācija

la operación

datortomogrāfija

TAC

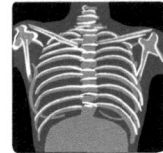

rentgents

los rayos x

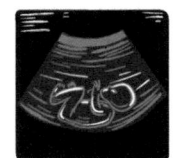

ultraskaņa

el ultrasonido

sejas maska

la mascarilla

slimība

la enfermedad

uzgaidāmā telpa

la sala de espera

kruķis

la muleta

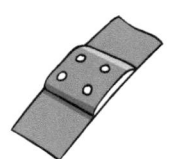

plāksteris

la tirita

apsējs

la venda

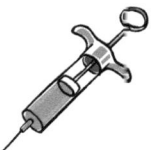

injekcija

la inyección

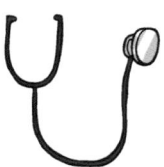

stetoskops

el estetoscopio

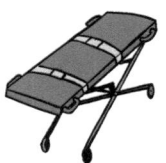

nestuves

la camilla

termometrs

el termómetro

dzemdības

el nacimiento

liekais svars

el sobrepeso

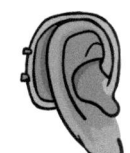

dzirdes aparāts

el audífono

dezinfekcijas līdzeklis

el desinfectante

infekcija

la infección

vīruss

el virus

HIV / AIDS

VIH / SIDA

zāles

la medicina

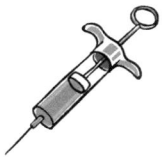

pote

la vacunación

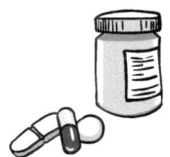

tabletes

las tabletas

pretapaugļošanās tablete

la pastilla

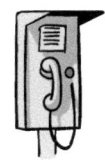

ārkārtas izsaukums

la llamada de urgencia

asinsspiediena mērītājs

el tensiómetro

slims / vesels

enfermo / sano

Palīgā!

¡Socorro!

trauksme

la alarma

uzbrukums

el asalto

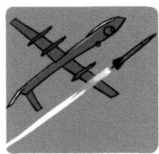

uzbrukums

el ataque

bīstamība

el peligro

avārijas izeja

la salida de emergencia

Uguns!

¡Fuego!

ugunsdzēšamais aparāts

el extintor de incendios

negadījums

el accidente

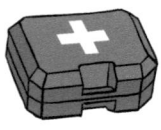

pirmās palīdzības aptieciņa

el botiquín de primeros
auxilios

SOS

SOS

policija

la policía

Eiropa

Europa

Ziemeļamerika

Norteamérica

Dienvidamerika

Sudamérica

Āfrika

África

Āzija

Asia

Austrālija

Australia

Atlantijas okeāns

el atlántico

Klusais okeāns

el Pacífico

Indijas okeāns

el Océano Índico

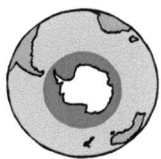

Dienvidu okeāns

el Océano Antártico

Ziemeļu ledus okeāns

el Océano Ártico

Ziemeļpols

el polo norte

Dienvidpols

el polo sur

Antarktika

La Antártida

zeme

la tierra

zeme

la tierra

jūra

el mar

sala

la isla

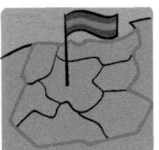

nācija

la nación

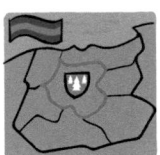

valsts

el estado

ciparnīca

la esfera

stundu rādītājs

la manecilla de las horas

minūšu rādītājs

el minutero

sekunžu rādītājs

el segundero

Cik ir pulkstenis?

¿Qué hora es?

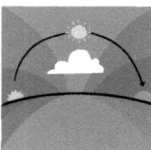

diena

el día

laiks

el tiempo

tagad

ahora

digitālais pulkstenis

el reloj digital

minūte

el minuto

stunda

la hora

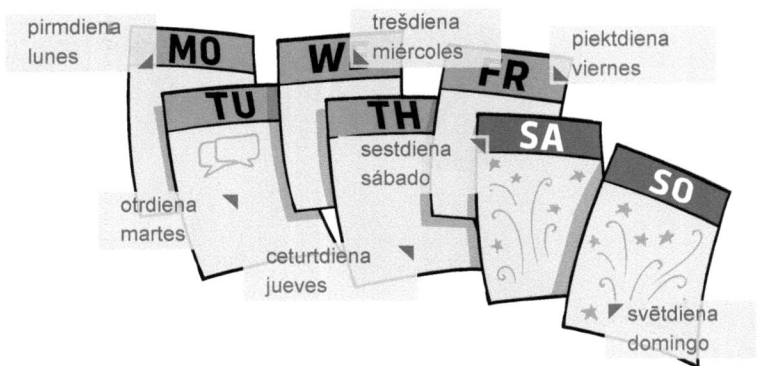

pirmdiena / lunes — **MO**
trešdiena / miércoles — **W**
piektdiena / viernes — **FR**
otrdiena / martes — **TU**
ceturtdiena / jueves — **TH**
sestdiena / sábado — **SA**
svētdiena / domingo — **SO**

vakardien
ayer

šodien
hoy

rītdien
mañana

rīts
la mañana

pusdienlaiks
el mediodía

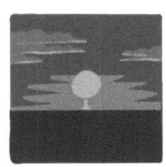

vakars
la tarde

darbadienas
los días laborables

brīvdienas
el fin de semana

lietus
la lluvia

varavīksne
el arcoíris

sniegs
la nieve

vējš
el viento

pavasaris
la primavera

rudens
el otoño

vasara
el verano

ziema
el invierno

4.APRIL	11°	☀
5.APRIL	4°	☔
6.APRIL	13°	☁
7.APRIL	8°	☀
8.APRIL	10°	☀

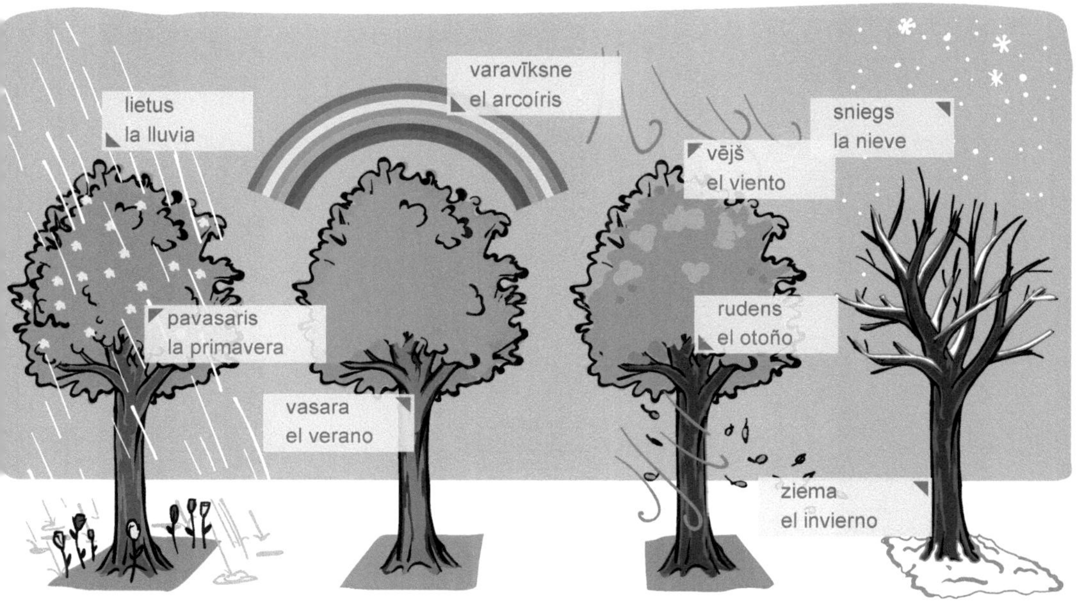

laika prognoze

el pronóstico del tiempo

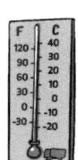

termometrs

el termómetro

saules gaisma

el sol

mākonis

la nube

migla

la niebla

gaisa mitrums

la humedad

zibens

el rayo

pērkons

el trueno

vētra

la tormenta

krusa

el granizo

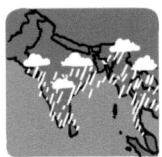

musons

el monzón

plūdi

la inundación

ledus

el hielo

janvāris

enero

februāris

febrero

marts

marzo

aprīlis

abril

maijs

mayo

jūnijs

junio

jūlijs

julio

augusts

agosto

gads - el año

septembris
....
septiembre

oktobris
....
octubre

novembris
....
noviembre

decembris
....
diciembre

formas

las formas

aplis
....
el círculo

kvadrāts
....
el cuadrado

četrstūris
....
el rectángulo

trīsstūris
....
el triángulo

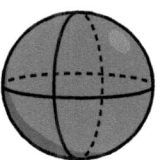

lode
....
la esfera

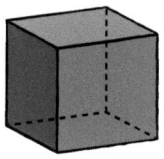

kubs
....
el cubo

balts

blanco

dzeltens

amarillo

oranžs

anaranjado

sārts

rosa

sarkans

rojo

lillā

morado

zils

azul

zaļš

verde

brūns

marrón

pelēks

gris

melns

negro

daudz / maz

mucho / poco

saniknots / miermīlīgs

enojado / tranquilo

skaists / neglīts

bonito / feo

sākums / beigas

principio / fin

liels / mazs

grande / pequeño

gaišs / tumšs

claro / oscuro

brālis / māsa

el hermano / la hermana

tīrs / netīrs

limpio / sucio

pilnīgs / nepilnīgs

completo / incompleto

diena / nakts

el día / la noche

miris / dzīvs

muerto / vivo

plats / šaurs

ancho / estrecho

baudāms / nebaudāms

comestible / no comestible

nikns / laipns

malo / amable

satraukts / garlaikots

entusiasmado / aburrido

resns / tievs

gordo / delgado

pirmais /pēdējais

primero / último

draugs / ienaidnieks

el amigo / el enemigo

pilns / tukšs

lleno / vacío

ciets / mīksts

duro / blando

smags / viegls

pesado / ligero

izsalkums / slāpes

el hambre / la sed

slims / vesels

enfermo / sano

nelegāls / legāls

ilegal / legal

inteliģents / dumjš

inteligente / tonto

kreisais / labais

izquierda / derecha

tuvu / tālu

cerca / lejos

jauns / lietots

nuevo / usado

nekas / kaut kas

nada / algo

vecs / jauns

viejo / joven

ieslēgts / izslēgts

encendido / apagado

atvērts / slēgts

abierto / cerrado

kluss / skaļš

silencioso / ruidoso

bagāts / nabags

rico / pobre

pareizi / nepareizi

correcto / incorrecto

raupjš / gluds

áspero / suave

noskumis / laimīgs

triste / contento

īss / garš

corto / largo

lēns / ātrs

lento / rápido

slapjš / sauss

húmedo / seco

silts / vēss

cálido / frío

karš / miers

guerra / paz

0

nulle

cero

1

viens

uno

2

divi

dos

3

trīs

tres

4

četri

cuatro

5

pieci

cinco

6

seši

seis

7

septiņi

siete

8

astoņi

ocho

9

deviņi

nueve

10

desmit

diez

11

vienpadsmit

once

12

divpadsmit

doce

13

trīspadsmit

trece

14

četrpadsmit

catorce

15

piecpadsmit

quince

16

sešpadsmit

dieciséis

17

septiņpadsmit

diecisiete

18

astoņpadsmit

dieciocho

19

deviņpadsmit

diecinueve

20

divdesmit

veinte

100

simts

cien

1.000

tūkstotis

mil

1.000.000

miljons

el millón

anglu
el inglés

amerikāņu anglu
el inglés americano

ķīniešu mandarīnu valoda
el chino madarín

hindi
el hindi

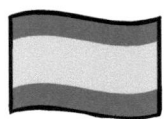

spāņu
el español

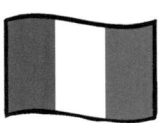

franču
el francés

arābu
el árabe

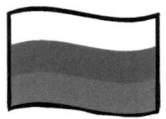

krievu
el ruso

portugāļu
el portugués

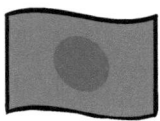

bengāļu
el bengalí

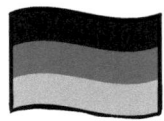

vācu
el alemán

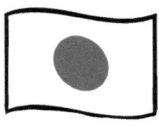

japāņu
el japonés

es
yo

tu
tú

viņš / viņa
él / ella / ello

mēs
nosotros/as

jūs
vosotros/as

viņi / viņas
ellos/as

kas?
¿quién?

ko?
¿qué?

kā?
¿cómo?

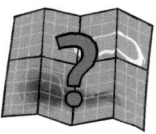

kur?
¿dónde?

kad?
¿cuándo?

vārds
el nombre

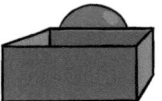

aiz

detrás

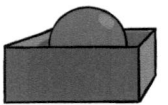

iekšā

en

priekšā

delante de

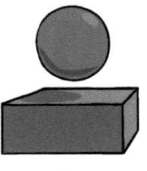

virs

por encima de

uz

sobre

zem

debajo de

blakus

junto a

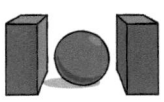

starp

entre

vieta

el lugar